Brahim Ablal

X10, la domotique

Brahim Ablal

X10, la domotique

Construire sa maison intelligente et contrôler la par votre iPhone

Presses Académiques Francophones

Impressum / Mentions légales

Bibliografische Information der Deutschen Nationalbibliothek: Die Deutsche Nationalbibliothek verzeichnet diese Publikation in der Deutschen Nationalbibliografie; detaillierte bibliografische Daten sind im Internet über http://dnb.d-nb.de abrufbar.
Alle in diesem Buch genannten Marken und Produktnamen unterliegen warenzeichen-, marken- oder patentrechtlichem Schutz bzw. sind Warenzeichen oder eingetragene Warenzeichen der jeweiligen Inhaber. Die Wiedergabe von Marken, Produktnamen, Gebrauchsnamen, Handelsnamen, Warenbezeichnungen u.s.w. in diesem Werk berechtigt auch ohne besondere Kennzeichnung nicht zu der Annahme, dass solche Namen im Sinne der Warenzeichen- und Markenschutzgesetzgebung als frei zu betrachten wären und daher von jedermann benutzt werden dürften.

Information bibliographique publiée par la Deutsche Nationalbibliothek: La Deutsche Nationalbibliothek inscrit cette publication à la Deutsche Nationalbibliografie; des données bibliographiques détaillées sont disponibles sur internet à l'adresse http://dnb.d-nb.de.
Toutes marques et noms de produits mentionnés dans ce livre demeurent sous la protection des marques, des marques déposées et des brevets, et sont des marques ou des marques déposées de leurs détenteurs respectifs. L'utilisation des marques, noms de produits, noms communs, noms commerciaux, descriptions de produits, etc, même sans qu'ils soient mentionnés de façon particulière dans ce livre ne signifie en aucune façon que ces noms peuvent être utilisés sans restriction à l'égard de la législation pour la protection des marques et des marques déposées et pourraient donc être utilisés par quiconque.

Coverbild / Photo de couverture: www.ingimage.com

Verlag / Editeur:
Presses Académiques Francophones
ist ein Imprint der / est une marque déposée de
OmniScriptum GmbH & Co. KG
Heinrich-Böcking-Str. 6-8, 66121 Saarbrücken, Deutschland / Allemagne
Email: info@presses-academiques.com

Herstellung: siehe letzte Seite /
Impression: voir la dernière page
ISBN: 978-3-8416-2962-3

DOMOTIQUE

Rapport du stage de fin d'études, master spécialisé Qualité du Logiciel (MQL)

Réalisation d'une plateforme de contrôle d'une installation
domotique, le projet consiste en la création de deux
applications, une application coté serveur en Java JEE, servant
à l'administration et la gestion de l'installation domotique, et
une autre application coté client en Objective-C s'exécutant
sur un terminal iPhone, servant au contrôle de l'installation
domotique.

Brahim ABLAL

Remerciements

Tout d'abord, je tiens à remercier Dieu de m'avoir donné la volonté et l'engouement nécessaire pour finaliser ce travail.

Qu'il me soit permis d'adresser ma profonde gratitude et reconnaissance à tous ceux qui m'ont aidé de près ou de loin à réaliser ce modeste travail.

Dédicace

Je dédie ce travail à :

Mes chers parents en témoignage d'estime, de respect et de vénération, pour tout ce qu'ils ont sacrifié pour assurer nos bien être.

A mes frères et sœurs qui me respectent et qui n'ont jamais hésité à me proposer leur aide.

Tous mes cher (e) s ami (e) s avec qui j'ai passé des moments mémorables et qui me sont très cher.

Sommaire

Chapitre I : LA DOMOTIQUE

Ce chapitre introduira le projet, en définissant le domaine de la domotique, il parlera des différents points suivant :

- La domotique, étant une technologie et un ensemble de techniques.
- Le protocole X10, étant un protocole de communication dans les réseaux domotiques.
- Quelques modules X10.

1.1. Introduction

Tout comme notre vie en général, nos maisons se trouvent de plus en plus technologisées. Les habitats du futur répondent à une probable insatisfaction innée de l'homme qui croit augmenter son pouvoir sur les choses par la technique. On voit donc que sa maison « s'adapte » à lui et à ses besoins.

Au même titre que nous gérons notre budget, organisons notre temps et nos activités, que nous profitons des équipements perfectionnés de notre voiture (fermeture centralisée, climatisation...), la domotique nous offre la possibilité d'opter pour une maison qui s'adaptera à notre rythme de vie et à nos habitudes, elles-mêmes évolutifs au fil des années.

Avec les nouvelles technologies domotiques, l'homme peut quitter son domicile pour le week-end et, avant de fermer la porte, appuyer sur un seul bouton pour éteindre les éclairages oubliés, mettre le chauffage en mode "économie", fermer les volets roulants, mettre en service l'alarme...

Ainsi, la domotique sert à la fois nos besoins, nos habitudes et notre envie de confort. Elle prend en compte des situations qui ont un sens dans notre vie quotidienne : quitter son domicile, créer une ambiance lecture, se réveiller dans un habitat chauffé où le café est déjà prêt et les volets ouverts.

Pourquoi, dans nos sociétés, les gens ont-ils un si grand désir de ce genre d'habitations, sensées nous faciliter la vie ? Est-ce une simple question de bien-être, de gain de temps, de liberté, ou encore de pouvoir, comme nous l'avons déjà suggéré ? D'un autre côté, ne serait-ce pas un moyen d'avoir une surveillance accrue sur tout ?

Ce sont autour de ces interrogations que notre recherche s'articule.

Ce nouvel univers technologique qui envahit et fait partie de notre quotidien pose un problème : **la « maison du futur », toujours plus technologisée, deviendra-t-elle une maison toujours moins humanisée ?**

En effet, en disposant de téléphones dans chaque pièce, de webcams, de courriers électroniques, elle se veut une maison de communication. Pourtant, le paradoxe est saisissant : avec ses télévisions, ses ordinateurs, ses jeux vidéo, elle coupe les habitants d'une même maison les uns des autres. Qu'en est-il alors de la sociabilité, si importante dans nos sociétés ? Ne la mettrait-elle pas en danger ?

La « maison du futur » répond à des besoins, elle facilite notre quotidien mais elle peut aussi créer des besoins. Plus nous faisons appel à la technologie, plus nous en sommes tributaires : elle nous rend de plus en plus dépendants d'elle en nous donnant l'illusion de nous rendre plus libres car il devient difficile de s'en passer.

Les objets technologiques, neutres en eux-mêmes, prennent des significations différentes selon la manière dont on s'en sert.

Finalement, une dernière question que soulève la domotique, est celle de l'écologie. Comment imager notre futur sans l'intégrer dans son environnement ? C'est dans ce sens, que l'on tentera de voir si la domotique se veut ou non promotrice de l'écologie.

Dans nos sociétés, l'homme veut maîtriser l'environnement et la nature par la technique. Il veut plier la nature à ses désirs, plutôt que de s'y adapter et, de ce point de vue, la technologie représente le pouvoir.

Ce désir de domination s'étend à nos habitations : nous voulons des maisons de plus en plus à notre service, des maisons que nous pouvons maîtriser, et c'est dans ce contexte que la domotique s'inscrit.

Nous allons pouvoir, à travers ce projet, découvrir le monde de la domotique et suivre son évolution très rapide, ainsi, on terminera notre étude par une application distribuée présentant un cas concret qui montre la robustesse de ce concept.

1.2. Définitions

Il y a plusieurs définitions de la domotique, mais ils convergent toutes vers décrire la domotique comme étant l'ensemble des technologies de m'électronique, de physique des bâtiments, d'automatismes, d'informatiques et de télécommunications utilisé dans les habitats.

Voici quelques définitions de la domotique :

- Définition Wikipédia : La domotique est l'ensemble des techniques de l'électronique, de physique du bâtiment, d'automatismes, de l'informatique et des télécommunications utilisées dans les bâtiments. La domotique vise à apporter des fonctions de confort (optimisation de l'éclairage, du chauffage), de gestion d'énergie (programmation), de sécurité (comme les alarmes) et de communication (comme les commandes à distance ou l'émission de signaux destinés à l'utilisateur) que l'on peut retrouver dans les maisons, les hôtels, les lieux publics...
- Définition de climamaison.com : La domotique est une spécialité du bâtiment regroupant les techniques permettant de contrôler, d'automatiser et de programmer l'habitat.
- C'est une discipline récente issue de l'application à l'habitat de la programmation i informatique.
- Le mot "domotique" est utilisé depuis peu dans le langage et est une contraction des mots domus (domicile en latin) et du suffixe "tique" associé à la technique.
- Les tâches associées à la domotique dans la maison concernent des appareils techniques alimentés électriquement:
- La programmation des appareils électriques (éclairage, chauffage, audio-visuel, électro-ménager...)

- Le contrôle (alarme, contrôle d'accès, température, éclairage, incendie...)

1.3. Historique

Né au milieu des années 1980, le développement de la domotique est, entre autre, la conséquence de la miniaturisation des systèmes électroniques et informatiques. Le développement des composants électroniques dans les produits domestiques a amélioré leurs performances, rationnalisé et réduit les coûts de consommations en énergie de ces équipements. La combinaison de ce processus avec l'apparition sur le marché de services de communication performants est directement liée à l'émergence de systèmes innovants orientés vers la communication et les échanges internes et externes dans les lieux de vie ou de travail. Il s'agit donc d'une démarche visant à apporter plus de confort, de sécurité et de convivialité dans la gestion des bâtiments.

1.4. Le marché de la domotique

Le marché du logement collectif a vu les premières expérimentations du Tableau de bord domestique (TBD) aujourd'hui devenu Tableau de bord et de commande domestique (TBCD). Les premières fonctions de ces systèmes concernaient l'affichage des consommations et la répartition des frais de chauffage.

Ces systèmes ont rapidement évolué en diversifiant leurs fonctions et leurs applications (Synforic, Logitronic, Visidel, Télébat). On compte environ 4 000 à 5 000 installations de ces systèmes en habitat collectif en France (1989).

Des investissements importants ont été réalisés dès 1987 en France où ceux-ci ont été équivalents aux investissements réalisés aux Etats-Unis, dépassant pour cette période les 300 millions de francs.

Le marché de l'habitat individuel est le plus récent. Il concerne des produits de première génération. Utilisant des systèmes fonctionnant sur courants porteurs (Legrand, Thomson, Hager) ou des systèmes basés sur un pré câblage (Domoconcept, Sobel). On compte déjà près de 6 000 installations de ce type en France (1989).

L'approche pragmatique réalisée par les industriels français leur permet de se positionner depuis 1989, sur un marché de deuxième génération qui consiste en des produits plus ouverts, même s'ils ne sont pas encore tous compatibles, car réalisés dans une stratégie d'alliance et une volonté de partenariat.

Depuis le mois d'avril 1989, dans cet esprit, les premiers systèmes de type bus font leur apparition. Merlin Guérin prend place sur ce nouveau marché avec le système ISIS dont le support de communication est constitué d'un bus bifilaire, le BATIBUS (1). Depuis quelques mois, de nombreux constructeurs européens se sont associés à cette démarche et ont constitué le Club BATIBUS. Il s'agit entre autres d'AIRELEC, ATLANTIC, NOIROT, APPLIMO, CIAT, DEF, EDF, INFRA+, INTELBAT, OSITEL,

PHILIPS Eclairage, SCAC, SOMFY, STRATEL, TELEMECANIQUE, VEDETTE « FLASH » pour la France, TREND (UK), THEBEN WERK (RFA), URMET (Italie), et LANDIS & GYR (Suisse) pour les autres pays européens. Ces produits concernent aussi bien le marché du logement que du tertiaire.

Pour les dix années (1990/2000), le marché de la domotique est évalué par les professionnels du bâtiment et de l'électronique à 2,5 milliards de francs par an en moyenne en France et à 12,5 milliards de francs par an en Europe, sans tenir compte des équipements nouveaux et des travaux induits.

1.5. Domaines d'utilisation

Les principaux domaines dans lesquels s'appliquent les techniques de la domotique sont :

- la programmation des appareils électrodomestiques, électroménagers. Un micro moteur synchrone entraîne, au moyen de réducteurs appropriés, des cames qui ouvrent et ferment les contacts.
- la gestion de l'énergie, du chauffage (par exemple, il peut gérer les apports naturels en fonction de l'enveloppe thermique du bâtiment), de la climatisation, de la ventilation, de l'éclairage, de l'ouverture et de la fermeture des volets (par exemple en fonction de l'ensoleillement), de l'eau (le remplissage de la baignoire peut s'arrêter automatiquement grâce à un senseur, les robinets de lavabos peuvent ouvrir l'eau à l'approche des mains, etc.). Il est également possible de recharger certains appareils électriques (ordinateurs, véhicules, etc.) en fonction du tarif horaire
- la sécurité des biens et des personnes (alarmes, détecteur de mouvement, interphone, digicode).
- la communication entre appareil et utilisateur par le biais de la sonification (émission de signaux sous forme sonore).
- le « confort acoustique ». Il peut provenir de l'installation d'un ensemble de haut-parleurs permettant de répartir le son et de réguler l'intensité sonore.
- la gestion des ambiances lumineuses.
- la compensation des situations de handicap et de dépendance.

1.5.1. La sécurité

Concernant la sécurité, de nombreux systèmes sont envisageables :

- Une caméra vidéo à amplification de rayonnement et un code personnel pour contrôler et faciliter les entrées.
- Un « bip » d'ouverture automatique de la porte et éventuellement l'ouverture au moyen d'une carte magnétique ou d'un dispositif de reconnaissance vocale.
- En cas de tentative d'intrusion, une synthèse vocale et un système de lumières peuvent être déclenchés ; un appel téléphonique automatique peut contacter alors le propriétaire et/ou une entreprise de sécurité. En France, il est interdit de relier les services de police à un transmetteur téléphonique sauf autorisation spéciale (musée, grand bâtiment public).
- Un système de sécurité assuré par des contacts normalement fermés qui se connectent lors d'une ouverture. Il est couplé avec des détecteurs de vibrations. L'ensemble des contacts est alimenté par un courant de faible intensité. L'ouverture du circuit est prise en compte par la centrale qui déclenche l'alarme.
- Autres systèmes : « tapis contact », radars de détection, etc.

1.5.2. Cinéma maison (Home cinéma)

Avec la domotique, il est possible d'utiliser ou piloter différents médias simultanément et à tout endroit de la maison : musique, son, image, vidéo, multimédia.

- La diffusion sonore permet d'envoyer de la musique dans la maison depuis un téléphone, une chaîne Hi-fi ou un PC. Il est possible de créer des zones de diffusion modifiables à volonté.
- La diffusion de l'image permet de connecter toutes les sources vidéo (DVD, démodulateur satellite, décodeur, PC, bibliothèque multimédia, interphone, caméra, …) et de les envoyer sur n'importe quel récepteur de l'habitat (poste TV principal ou secondaire, écran tactile, …).
- La diffusion d'information permet, par l'intermédiaire d'un réseau domestique relié à Internet, d'accéder à différentes informations par tous les supports vidéo de la maison (télévision, écrans, téléphone portable…5). Par exemple, si depuis la cuisine on désire une recette, il suffit de faire la recherche sur Internet à partir du poste de télévision.

Les différentes applications décrites plus haut sont, pour la plupart d'entre elles, des prototypes à l'étude qui nécessitent encore de nombreuses mises au point pour être suffisamment fiables.

1.5.3. Éclairage et appareil électrique

- machine à laver
- réveil
- cafetière
- congélateur
- réfrigérateur
- volet roulant
- alarme

1.5.4. Loisirs et Jardin

- gestion et contrôle d'arrosage via Internet

Un programmateur d'arrosage intégrant un pico serveur de pages web dédiées permet de gérer et de contrôler l'arrosage à distance via Internet.

1.5.5. Assistance à la vie quotidienne

Des robots d'assistance à la vie quotidienne sont à l'étude dans de nombreux laboratoires de recherche (2008). Ces robots domestiques prennent de plus en plus la forme humaine et sont parfaitement capables de se déplacer en évitant tous les obstacles. Ces machines sont actuellement limitées par des exigences de sécurité. Aujourd'hui, les robots possèdent des dispositifs de sécurité leur ôtant toute force mécanique dès qu'ils entrent en contact avec une personne par exemple. Ce type de dispositif n'est donc pas suffisant, par exemple, pour assurer la sécurité d'un enfant de moins de 3 ans.

Des groupes d'études travaillent sur des systèmes de capteurs de vision, programmés pour reconnaître les visages, ainsi que sur des programmes permettant au robot d'acquérir les mêmes possibilités d'apprentissage que les humains.

Quelques robots d'assistance à domicile sont déjà commercialisés, à l'image de Wakamaru, lancé en 2005 par Mitsubishi Heavy Industries. Wakamaru peut remplir plusieurs offices, comme rappeler un rendez-vous important, se connecter à Internet par le Wi-Fi pour aller y chercher de l'information et la retransmettre grâce à sa voix féminine ou surveiller la maison.

À long terme et en fonction de l'avancée des études sur la sécurité, les robots d'assistance devraient représenter un marché de 18 milliards d'euros.

Selon certains, les robots pourraient être chargés des tâches suivantes :
- ménage,
- aide aux personnes handicapées,
- Internet/Mail/Messagerie instantanée,
- surveillance,
- guide de visiteurs.

1.6. La compensation des situations de handicap ou de dépendance

La compensation du handicap dans la législation en permettant la recherche constante d'une meilleure autonomie et la prévention des exclusions, la compensation des handicaps s'inscrit dans un double cadre législatif qui rénove l'action sociale et médico-sociale en faveur des personnes en situation de handicap.

La loi de 2004 relative à la politique de santé publique6, définit comme objectifs pluriannuels de santé publique, « l'amélioration de l'état de santé de la population et de la qualité de vie des personnes malades, handicapées et des personnes dépendantes ». Cette loi se réfère à la définition de la santé promulguée par l'Organisation Mondiale de la Santé 7, dans sa constitution de 1946 : « La santé est un état de complet bien-être physique, mental et social, et ne consiste pas seulement en une absence de maladie ou d'infirmité. »

La loi de 2002 pour la rénovation de l'action sociale et médico-sociale8 : « l'action sociale et médico-sociale tend à promouvoir, dans un cadre interministériel, l'autonomie et la protection des personnes, la cohésion sociale, l'exercice de la citoyenneté, à prévenir les exclusions et à en corriger les effets. Elle repose sur une évaluation continue des besoins et des attentes des membres de tous groupes sociaux, en particulier les personnes handicapées et des personnes âgées, des personnes et des familles vulnérables, en situation de précarité ou de pauvreté, et sur la mise à leur disposition de prestation en espèce ou en nature. »

La loi de 2005 pour l'égalité des droits et des chances9, la participation et la citoyenneté des personnes handicapées] : « La politique de compensation des handicaps comporte notamment la mise en œuvre d'action d'amélioration du cadre de vie prenant en compte tous les environnements, produits et services destinés aux personnes handicapées et mettant en œuvre des règles de conception conçues pour s'appliquer universellement. »

La réalisation d'un environnement contrôlable à distance, demande l'installation d'un dispositif complexe, composé de trois parties :

Une interface entre l'utilisateur et le système domotique : appelée plus communément contrôle d'environnement, elle permet à la personne de contrôler son environnement, en sélectionnant et activant les éléments à contrôler. Cette interface peut être fixe, mobile ou mise sur un fauteuil roulant. Suivant les capacités résiduelles de la personne, on peut proposer d'installer différentes commandes spécifiques (ou contacteurs). Les contacteurs peuvent être mécaniques, pneumatique, musculaire…

Le système domotique : il permet de centraliser les informations émises par l'interface, afin de les organiser et de les adresser à des effecteurs.

Les effecteurs : regroupe tous les appareils et moteurs à contrôler à distance, tels que, par exemple : les fonctionnalités d'un lit (têtière, plicature de jambes, hauteur), le téléphone, la télévision, les portes, les lumières, les volets, le chauffage, les prises…

1.7.   Architecture et protocoles

1.7.1. Architecture

ÉMISSION

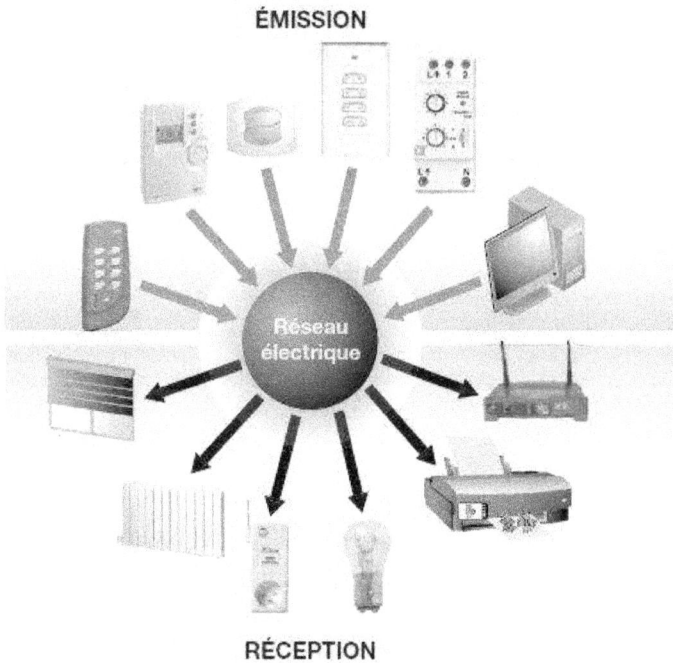

RÉCEPTION

Figure 1.1 : Une installation domotique

A travers le réseau électrique déjà installé dans une maison, l'architecture domotique se divise en deux parties ; la partie réceptrice, qui comporte tous le matériel à contrôler, voire à commander.

La partie émettrice consiste en des modules qui envoient les commandes vers les récepteurs.

1.7.2. Protocole X10

17.2.1. Définition

X10 est un protocole de communication par courants porteurs entre des émetteurs et des récepteurs domotique. Ce mode de transmission concurrence les protocoles de communication entièrement par ondes radio ou filaire par bus.

1.7.2.2. Histoire

Le système X10 a été développé en 1975. Ce système est le fruit des travaux effectués par la société écossaise Pico Electronics dans le but de pouvoir contrôler différents appareils électriques au sein d'une habitation.

1.7.2.3. Caractéristiques techniques

Le signal numérique envoyé dans le courant secteur alternatif (230 V ou 110 V selon les pays) est codé et transmis à une fréquence de 120 kHz à chaque passage à zéro du courant alternatif du secteur (50 Hz ou 60 Hz selon les pays).

La trame est structurée avec une partie adresse et une partie commande envoyée à tous les récepteurs en même temps. Seuls les récepteurs correctement adressés exécutent les ordres donnés. Les différents ordres envoyés peuvent être :

- des ordres de type marche ou arrêt ;
- des ordres de type variation croissante ou décroissante de variateur de courant ;
- des valeurs de températures issues de capteurs ;
- Des remontées de capteurs de type détecteur de présence infra-rouge.

Le protocole X10 est constitué de paquets de 4 bits « house » (code « maison » de A à P) suivis de 4 bits « unit » (code « unité » de 1 à 16) suivis de 4 bits commande. Ce qui offre 256 possibilités d'adressage différentes pour chaque module domotisé.

Chaque signal est envoyé plusieurs fois pour pallier d'éventuels échecs de transmission

1.7.2.4. Les modules X10

Il existe des modules contrôleurs et d'autres récepteurs.

Les modules contrôleurs permettent d'envoyer des ordres en X10 sur le réseau filaire à destination des récepteurs : centrale domotique, récepteur radio convertissant les ordres radio en X10, interface informatique (PC en USB ou série), programmateur horaire, module universel (contact sec pour capteur), module d'échange pour les systèmes non X10, etc.

Les modules récepteurs reçoivent les ordres X10 et actionnent l'élément raccordé (lumière, volet, chauffage ou tout appareil sur une prise X10 tel que cafetière, machine à laver...). Ces modules peuvent prendre la forme d'une sur-prise type prise contre la foudre (pour les appareils et les lumières), d'une douille, d'un interrupteur mural (lumière, volet), d'un module encastrable derrière un interrupteur existant, et même de module rail DIN à installer dans le tableau électrique (télécontacteur, télévariateur).

Les modules récepteurs sont adressables : l'adresse est constituée d'un code « maison » (A à P) et d'un code « unité » (1 à 16). Plusieurs récepteurs peuvent avoir la même adresse afin de les actionner en même temps. On peut avoir jusqu'à 256 adresses différentes.

Il existe également d'autres modules spécialisés pour certaines fonctions sur les ordres X10 : filtres, coupleurs de phase, répéteurs...

Le module interface informatique permet également de faire des programmations horaires et d'enregistrer des commandes « macro » en mémoire non volatile (suite de commande simple, par exemple fermer le volet 1 puis le volet 2). Ce module fonctionne même PC éteint.

1.7.2.5. Les avantages du protocole X10

Le protocole X10 possède certains avantages :

- X10 reste le protocole le moins cher dans le domaine des automatismes résidentiels.
- La longévité de la technologie: Le X10 est utilisé depuis plus de 20 ans (Amérique du nord principalement)
- Une communauté d'utilisateurs et de développeurs actifs, et de nombreux logiciels de gestion domotique payants, gratuits, et même open-source en licence GPL. L'accès direct gratuit au protocole X10 est possible et est décrit sur les sites spécialisés.
- Une ouverture sur de nombreux systèmes : de nombreuses centrales d'alarme de marques différentes proposent de piloter des modules X10 (simulation de présence, etc.), pilotage des ordres X10 depuis un PC avec de nombreux systèmes d'exploitation différents, pilotages des ordres X10 par téléphone et par onde radio.
- Une bonne distribution des produits: on trouve les produits X10 en vente sur des sites internet et dans les magasins spécialisés (éléctronique,etc.)
- Une infrastructure souple : il existe des modules qui se posent sur rail DIN ainsi que des modules dits ambiants (exemple : prise gigogne)

1.7.2.6. Les inconvénients du protocole X10

Le protocole X10 souffre de certains inconvénients :

- Une incompatibilité entre des gammes de produits internationaux dans la mesure où beaucoup de pays ont des réseaux d'alimentation électrique très différent comme la France et les États-Unis par exemple avec 230 V~ 50 Hz pour la France et 110 V~ 60 Hz pour les États-Unis avec des types de prises différentes qui impliquent certaines modifications importantes de chaque module en cas d'importation. Il est conseillé d'acheter ses produits sur son continent et vérifier le type de prise utilisé pour l'appareil.
- Pas d'accusé de réception de l'ordre émis.
- De nombreux appareils électroniques modernes du commerce tels que des téléviseurs, micro-ordinateurs, récepteurs satellite, etc. peuvent indure des perturbations ou des filtrages des trames X10 dans le courant secteur *via* leur alimentation à découpage par exemple qui brouille les signaux X10 de façon difficilement détectable. La conséquence est que certains modules peuvent interpréter des perturbations comme des ordres (ce qui provoque par exemple l'allumage de lumières en plein milieu de la nuit).
- Un filtre X10 prévu à cet effet est censé filtrer toute forme de perturbation ou isoler électriquement tout élément potentiellement perturbateur.

- Le signal X10 ne peut pas passer à travers un transformateur ou une alimentation triphasée (à moins d'utiliser des coupleurs de phase type FD10).
- Les signaux X10 doivent être filtrés à l'entrée ou sortie d'un domicile pour ne pas circuler sur les installations voisines et *vice-versa* (non obligatoire mais recommandé).
- Il n'est possible d'envoyer qu'un seul ordre à la fois sur le secteur sous peine que ceux-ci se percutent et s'annulent mutuellement. Les collisions ne sont en effet pas gérées par le protocole.
- La transmission d'un ordre X10 est lente. Il faut compter en moyenne 1 seconde pour transmettre un ordre. Ceci est dû au faible débit (50bps) disponible.
- Pour installer des récepteurs X10 encastrés sur un réseau électrique existant (interrupteur mural par exemple), il faut vérifier que le neutre arrive également au niveau de l'interrupteur à remplacer car X10 a besoin du neutre pour circuler. L'idéal est d'installer les modules X10 sous forme de module rail DIN sur le tableau électrique afin d'avoir un libre choix des interrupteurs muraux parmi tous les constructeurs du marché (en bouton poussoir pour un télévariateur ou télécontacteur).
- Le X10 est un standard industriel, non une norme. Des différences existent donc entre constructeurs, qui peuvent rendre l'interopérabilité impossible.
- Des incompatibilités sont suspectées vis à vis du réseau électrique, la plupart des modules vendus ne portent aucune indication de validation de compatibilité électromagnétique (NF ou CE). Certains scientifiques ont émis des inquiétudes quant aux niveaux des signaux de communications, jugés supérieurs aux normes en vigueur au sein de l'union européenne.
- Fonctions limitées : X10 étant vieillissant, de nombreux constructeurs le délaissent au profit de normes plus fiables et complètes. Les fonctions disponibles sont donc restreintes principalement à l'éclairage et aux contacts secs.

Chapitre II : OUTILS MATERIELS, OUTILS LOGICIELS ET LANGAGES DE PROGRAMMATION

Dans ce chapitre, on présentera tous les outils matériels et logiciels qu'on a dû utiliser dans ce projet, il sera présenté comme suit :

- Présentation des différents outils matériels et logiciels au niveau de la partie serveur ;
- Présentation des différents langages de programmation utilisés dans les différentes parties du projet ;
- Présentation des technologies utilisées.

2.1.   Partie serveur - JEE

2.1.1.   Outils logiciels

2.1.1.1.   Environnement de développement intégré : Eclipse

Eclipse est un projet de la Fondation Eclipse visant à développer tout un environnement de développement libre, extensible, universel et polyvalent.

Son objectif est de produire et fournir divers outils gravitant autour de la réalisation de logiciel, englobant les activités de codage logiciel proprement dites (avec notamment un environnement de développement intégré) mais aussi de modélisation, de conception, de test, de reporting, etc. Son environnement de développement notamment vise à la généricité pour lui permettre de supporter n'importe quel langage de programmation.

Le projet Eclipse est pour cela organisé en un ensemble cohérent de projets logiciels distincts, sa spécificité tenant à son architecture totalement développée autour de la notion de plugin (en conformité avec la norme OSGi) : toutes les fonctionnalités de l'atelier logiciel doivent être développées en tant que *plug-in* bâti autour de l'IDE Eclipse Platform.

2.1.1.2.   Serveur web : Apache Tomcat

Apache Tomcat est un conteneur libre de servlets Java 2 Enterprise Edition. Issu du projet Jakarta, Tomcat est un projet principal de la fondation Apache. Tomcat implémente les spécifications des servlets et des JSP du Java Community Process[1] . Il est paramétrable par des fichiers XML et de propriétés, et inclut des outils pour la configuration et la gestion. Il comporte également un serveur HTTP.

2.1.1.3.   Serveur d'application : Apache Axis

Axis est un projet de l'Apache Software Foundation. C'est un package Java libre qui fournit :

- un environnement pouvant soit fonctionner comme un serveur SOAP/Rest[1] indépendant soit comme un plug-in de moteurs de servlet (en particulier Tomcat),
- une API pour développer des services web SOAP RPC ou à base de messages SOAP
- le support de différentes couches de transport : HTTP, FTP, SMTP, POP et IMAP, ...
- la sérialisation/dé sérialisation automatique d'objets Java dans des messages SOAP

- des outils pour créer automatiquement les WSDL correspondant à des classes Java ou inversement pour créer les classes Java sur la base d'un WSDL (classe proxy en quelque sorte, qui fait le lien entre l'application Java cliente et le service distant).
- des outils pour déployer, tester et monitorer des web-services.

Axis est publié sous licence Apache 2.0.

Axis2 est une réécriture complète – et non rétrocompatible avec Axis – qui a pour objectif d'être plus efficace, plus modulaire et plus orienté XML que la version précédente. Un certain nombre de modules sont en cours de développement concernant la sécurité, les transactions...

2.1.2. Technologies et langages de programmation

2.1.2.1. Langages de programmation

2.1.2.1.1. Le langage JAVA

Le langage Java est un langage de programmation informatique orienté objet créé par James Gosling et Patrick Naughton, employés de Sun Microsystems, avec le soutien de Bill Joy (cofondateur de Sun Microsystems en 1982), présenté officiellement le 23 mai 1995 au *SunWorld*.

La particularité principale de Java est que les logiciels écrits dans ce langage sont très facilement portables sur plusieurs systèmes d'exploitation tels que UNIX, Windows, Mac OS ou GNU/Linux, avec peu ou pas de modifications. C'est la plate-forme qui garantit la portabilité des applications développées en Java.

2.1.2.1.2. Le langage XML

XML (entendez eXtensible Markup Language et traduisez Langage à balises étendu, ou Langage à balises extensible) est en quelque sorte un langage HTML amélioré permettant de définir de nouvelles balises. Il s'agit effectivement d'un langage permettant de mettre en forme des documents grâce à des balises (markup).
Contrairement à HTML, qui est à considérer comme un langage défini et figé (avec un nombre de balises limité), XML peut être considéré comme un métalangage permettant de définir d'autres langages, c'est-à-dire définir de nouvelles balises permettant de décrire la présentation d'un texte (Qui n'a jamais désiré une balise qui n'existait pas?).
La force de XML réside dans sa capacité à pouvoir décrire n'importe quel domaine de données grâce à son extensibilité. Il va permettre de structurer, poser le vocabulaire et la syntaxe des données qu'il va contenir.

2.1.2.2. Technologies

2.1.2.2.1. Web Services : Production

Un service web (ou service de la toile) est un programme informatique permettant la communication et l'échange de données entre applications et systèmes hétérogènes dans des environnements distribués. Il s'agit donc d'un ensemble de fonctionnalités exposées sur internet ou sur un intranet, par et pour des applications ou machines, sans intervention humaine, et de manière synchrone.

Le concept a été précisé et mis en œuvre dans le cadre de Web Services Activity, au W3C, particulièrement avec le protocole SOAP. Associé avec les Échanges de Données Informatisés (EDI), le consortium ebXML l'a utilisé pour automatiser des échanges entre entreprises. Cependant le concept s'enrichit avec l'approfondissement des notions de ressource et d'état, dans le cadre du modèle REST, et l'approfondissement de la notion de service, avec le modèle SOA.

Dans sa présentation la plus générale, un service web se concrétise par un agent, réalisé selon une technologie informatique précise, par un fournisseur du service. Un demandeur, à l'aide d'un agent de requête, utilise ce service. Fournisseur et demandeur partagent une même sémantique du service web, tandis qu'agent et agent de requête partagent une même description du service pour coordonner les messages qu'ils échangent.

Il existe plusieurs technologies derrière le terme services web :

Les services web de type Representational state transfer (REST) exposent entièrement ces fonctionnalités comme un ensemble de ressources (URI) identifiables et accessibles par la syntaxe et la sémantique du protocole HTTP. Les Services Web de type REST sont donc basés sur l'architecture du web et ses standards de base : HTTP et URI.

Les Services Web WS-* exposent ces mêmes fonctionnalités sous la forme de services exécutables à distance. Leurs spécifications reposent sur les standards SOAP et WSDL pour transformer les problématiques d'intégration héritées du monde Middleware en objectif d'interopérabilité.

Les standards WS-* sont souvent décriés, comme risquant de générer une course à la performance technologique. Toutefois leur robustesse dans le milieu des services entre professionnels est reconnue, et ils restent largement utilisés. Aussi l'on préfère les faire évoluer.

Au niveau de la partie serveur, l'application produit des web services via une classe qui regroupe tous les services dont on aura besoin dans notre application client (Objective-C)

2.2. Partie client (Mac OS X & iOS)

2.2.1. Outils matériels

2.2.1.1. *iPhone*

L'iPhone est un smartphone conçu par Apple, qui ne possède aucune touche mais uniquement un écran tactile sur toute sa longueur, Il intègre donc dans un même terminal de petite taille la téléphonie mobile et les fonctionnalités de base d'un ordinateur, comme l'accès à Internet, la bureautique, le multimédia et les jeux.

2.2.2. Outils logiciels

2.2.2.1. *Le système d'exploitation iOS (iPhone OS)*

iOS, anciennement iPhone OS, est le système d'exploitation mobile développé par Apple pour l'iPhone, l'iPod touch, et l'iPad. Il est dérivé de Mac OS X dont il partage les fondations (le kernel hybride XNU basé sur le micronoyau Mach, les services Unix et Cocoa, etc.). iOS comporte quatre couches d'abstraction, similaires à celles de Mac OS X : une couche « Core OS », une couche « Core Services », une couche « Media » et une couche « Cocoa »1,2. Le système d'exploitation occupe moins d'un demi-gigaoctet (Go) de la capacité mémoire totale de l'appareil.

2.2.2.2. *iOS SDK*

Le iOS SDK (anciennement iPhone SDK) est un kit de développement logiciel développé par Apple et publié en Février 2008 pour développer des applications natives pour iOS.

2.2.2.2.1. Environnement de développement intégré : XCode

Xcode est un environnement de développement pour Mac OS X.

API de programmation :

- Carbon permet de programmer avec les langages suivants :
  - C
  - C++

- Cocoa permet de programmer avec les langages suivants :
  - Objective-C (version 2.0 à partir de Xcode 3.0)
  - AppleScript (à travers l'interface AppleScript Studio)
  - Java

Fourni avec toute une suite logicielle (graphiques, audio, etc.) pour développeurs et programmeurs, il permet de créer des logiciels utilisant toutes les fonctionnalités, la puissance et la stabilité de Mac OS X et d'UNIX.Cet environnement peut être obtenu gratuitement auprès d'Apple. Il est fourni en standard avec chaque Mac, sur les disques d'installation de Mac OS X 10.6, Mac OS X 10.5, 10.4 et 10.3. Il n'est pas pré-installé sur l'ordinateur et doit être installé séparément.

2.2.2.2.2.   Editeur d'interfaces graphiques : Interface Builder

Interface Builder est un outil de développement d'interface graphique pour des applications tournant sur Mac OS X. Cet outil fait partie de l'environnement de développement intégré Xcode(anciennement connu sous le nom de Projet Builder). Interface Builder permet aux développeurs d'applications Cocoa et Carbon de créer des interfaces graphiques pour leurs programmes. Les interfaces graphiques générées grâce à Interface Builder sont contenues dans un fichier .nib (une abréviation pour désigner NeXT Interface Builder) ou plus récemment dans un fichier .xib.

2.2.2.2.3.   Simulateur d'exécution : iPhone Simulator

Aussi appelé "Aspen Simulator", cet outil permet de générer un iPhone virtuel sur un ordinateur, et donc d'y tester les applications développées.

2.2.3. Technologies et langages de programmation

2.2.3.1.   Le langage Objective-C

L'Objective-C est un langage de programmation orienté objet réflexif. C'est une extension du C ANSI, comme le C++, mais qui se distingue de ce dernier par sa distribution dynamique des messages, son faible typage, son typage dynamique et son chargement dynamique. Contrairement au C++, il ne permet pas l'héritage multiple mais il existe toutefois des moyens de combiner les avantages de C++ et d'Objective-C.

Aujourd'hui, il est principalement utilisé dans deux systèmes d'exploitation. L'un
est GNU avec sabibliothèque de classes libre GNUstep, l'autre est Mac OS X d'Apple (et son
dérivé iPhone OS), basé sur la bibliothèque de classes Cocoa. GNUstep et Cocoa sont les
successeurs de l'API OpenStep, utilisé dans les systèmes
d'exploitation NeXTSTEP et OPENSTEP.

2.2.3.2.   Web Services : Consommation

Dans l'application cliente, écrite en Objective-C, on génère des stubs Objective-C à partir du
fichier wsdl obtenu lors du déploiement des web services coté serveur, ces stubs sont des
classes Objective-C, qu'on intègre dans notre projet, et une fois on a besoin d'un service, on
initialise la classe qui appelle tous les services déclarés dans le serveur, et on invoque le
service désiré.

2.3.   Modules X10

2.3.1.   Contrôleur : CM11

Le contrôleur cm11 (série/RS232) permet de relier une installation X-10 à un ordinateur. On
peut piloter notre installation domotique avec le logiciel fourni, ou avec une application qu'on
développe nous-même, comme dans notre cas.

Avec le CM11, on a la base pour l'automatisation de notre maison. Avec notre ordinateur, ont
peut programmer ce qu'on veut. Allumer nos lumières ou programmer des horaires
(simulation de présence standard), créer une ambiance, allumer nos lumières extérieures ou
avoir une tasse de café quand nous nous levons par l'éclairage d'ambiance de notre chambre.
Avec le CM11, on a seulement besoin de récepteurs afin de contrôler nos lumières et
équipements. Une fois que tout est réglé en fonction de nos souhaits, nous pouvons entrer ceci
dans la mémoire de CM11 et éteindre notre ordinateur. nous pouvons aussi prédéfinir le
CM11 pour une utilisation dans une autre maison.

Spécification du CM11

Mémoire appropriée pour environ 100 macros / timers
Logiciel facile pour les débutants
Logiciel en français, néerlandais, anglais et allemand
Peut également être utilisé en combinaison avec d'autres logiciels de domotique Plug-
in module

2.3.2. Récepteurs

2.3.2.1. Module lampe LM12

Le LM12 est un module permettant de recevoir des ordres X-10 venant de tout point de notre réseau électrique afin de contrôler nos appareils branchés en aval de ce module.

Ce module X10 permet de piloter, en marche /arrêt ainsi qu'en variation d'intensité une lampe ou un groupe de lampes d'une puissance totale comprise entre 60 et 300W.

Le module X10 LM12 s'intercale simplement entre la prise de courant murale et celle de la lampe à commander.

On règle le code maison et le code Unité sur les 2 boutons situés en façade du module.

* Pour piloter toutes lampes avec les fonctions On/Off, variateur.

* Entièrement pilotable par les émetteurs X10 de notre catalogue.

* Utilisé avec des Macros (séquence programmée d'instructions) permet de réaliser une simulation de présence, une économie d'énergie dans le cas d'une gestion intelligente, ...

Le LM12 répond au protocole STANDARD X10 :

"Toutes les lumières ON" ou "toutes les unités OFF" émis par n'importe quel contrôleur X10 programmé avec le même code maison, indépendamment du code unité.

Alternativement, le LM12E répond aux commandes "On","Off", "Bright" et "Dim" s'il reçoit le code unité qui lui correspond.

* Récepteur-Variateur X10

* Fonction On/Off et Variation pour commander des lampes incandescentes de 60 au 300W.

* Se branche dans une prise standard.

A intercaler entre la prise de courant murale et celle de la lampe à commander.

* Disponible dans une large gamme de prises (française/belge (réf. 08911)

Caractéristiques

Tension d'alimentation : 230V ±10%, 50 Hz

Courant consommé : < 20 mA capacitif

Puissance de commutation : 40W à 300W (uniquement éclairage par lampe à incandescence)

Vitesse de variation : 4,4 s de 100 % à 0 % ±0,2 s

Sensibilité du signal : 15 mVpp min, 50mVpp max à 120 kHz

Impédance en entrée : > 55 Ohm (P-N) à 120 kHz

X-10 transmission: 1 impulsion à 0°, 60° et 180°.

X-10 ey codes: All units Off, All Lights On, On, Off, Dim, Bright.

Utilisation d'une installation à 3 phases : FD10 (3x) ou CAT3000 sont nécessaires.

Fusible: F 3A 250V 5x20mm

Température ambiante : -10°C à +50°C (fonctionnement), -20°C à +70°C (stockage)

Dimensions : 52x122x33mm (fiche non comprise)

Chapitre III : Architecture et conception

Ce chapitre traitera les différents points concernant l'architecture, la structure et la conception du projet, il sera organisé comme suit :

- Présentation du projet en spécifiant les besoins, les objectifs ainsi que la structure des différentes parties;
- Présentation des différentes architectures (physiques, logiques…) de chaque partie du projet ;
- Conception du projet.

3.1. Expression des besoins

3.1.1. Expression textuelle

Le projet consiste en la création d'une application ayant comme objectif le contrôle de sa maison à distance à l'aide d'un terminal iPhone, l'utilisateur, doit pouvoir se connecter à sa maison, sur son iPhone, via internet, et contrôler tous les modules X10, qui sont, eux même branchés à des lampes, des machines…

L'utilisateur doit pouvoir charger la configuration de sa maison, soit les différents modules X10 fonctionnels, les scénarios prédéfinis… Il doit ensuite pouvoir les contrôler où qu'il soit, envoyer des commandes, mettre à jour son interface de contrôle…

Le projet alors, est divisé en deux grandes parties, une partie cliente et une partie serveur, le client est une application qui marche sur les terminaux iPhone, iPad, iPod Touch ou tout autre terminal muni d'un système d'exploitation iOS, la deuxième partie est une application JEE, cette dernière doit permettre à un utilisateur autorisé de gérer sa maison.

Client iOS	Serveur JEE
Se connecter au serveur	S'authentifier
Charger la liste des modules X10	Créer, modifier et supprimer des sections
Charger les différentes sections de sa maison	Créer, modifier et supprimer des modules X10
Charger les informations de chaque module X10	Créer, modifier et supprimer des scénarios
Envoyer des commandes à un module X10 spécifié	Publier la configuration de la maison en web service
Exécuter les scénarios définis dans le serveur	Exécuter des commandes sur des modules X10
Mettre à jour l'interface une fois le serveur est mis à jour	Exécution des scénarios

Tableau 3.1 : Liste de tâches que doit assumer la partie serveur et client

3.1.2. Expression graphique : Schémas

Avant de schématiser les tâches que doit assumer chaque partie du projet, parlons ou plutôt reparlons de l'objectif de ce projet, il s'agit de créer une plateforme complète pour le contrôle d'une installation domotique via internet, ainsi, l'utilisateur final de la plateforme aura l'illusion de pouvoir contrôler sa maison depuis son iPhone ; Le schéma suivant montre comment l'utilisateur final utilise son iPhone pour contrôler son installation domotique :

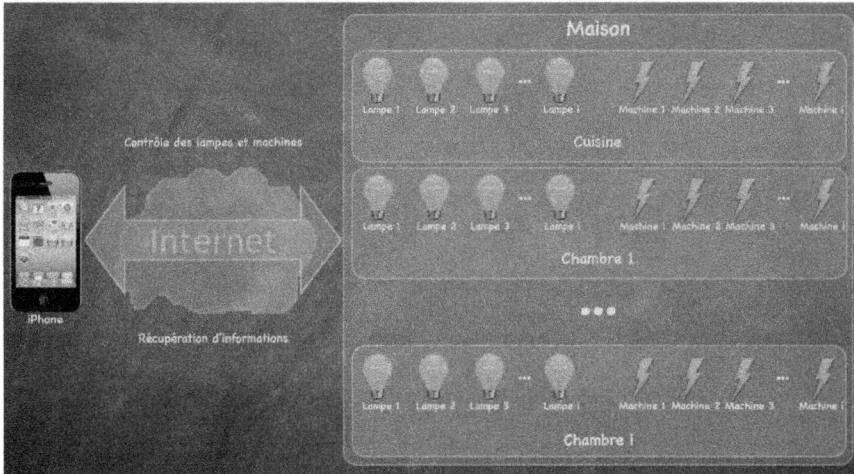

Figure 3.1 : Résultat final du projet ; Un terminal iPhone contrôle une installation domotique

Maintenant qu'on a exprimé le résultat final par le schéma ci-dessus, on passe à l'expression graphique des tâches exprimées dans la section 3.1.1 :

Le schéma suivant alors montre qu'un terminal iPhone se connecte à notre application serveur qui tourne sur un ordinateur connecté à internet, et défini par son adresse IP, cet ordinateur est connecté via le port série au contrôleur CM11A, ce dernier envoie des commandes en diffusion à tous les modules X10 fonctionnels, le module ayant l'adresse X10 envoyée avec la trame X10 diffusée, répond à la commande.

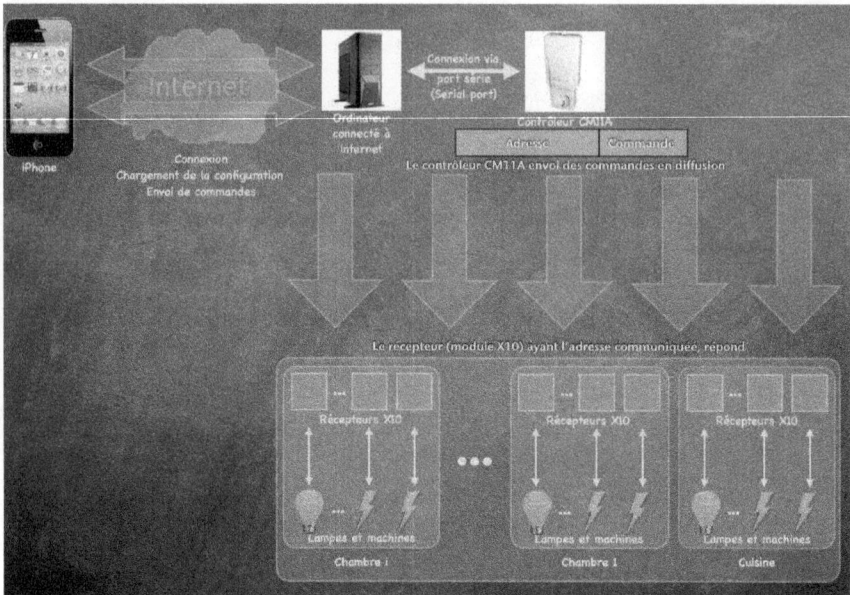

Figure 3.2 : Installation physique de la plateforme

3.2. Architecture générale

3.2.1. Partie serveur (JEE)

Nous avons vu dans la section précédente, comment l'utilisateur final voit et utilise notre plateforme, comment les différentes parties fonctionnent, ainsi qu'une vue globale de la plateforme, maintenant qu'on a compris tout ceci, il faut présenter la plateforme en détails ; Commençons alors par le schéma suivant qui détaille le fonctionnement de la partie serveur, qui est divisée en plusieurs couches afin d'assurer une meilleure maintenance et mises à jour :

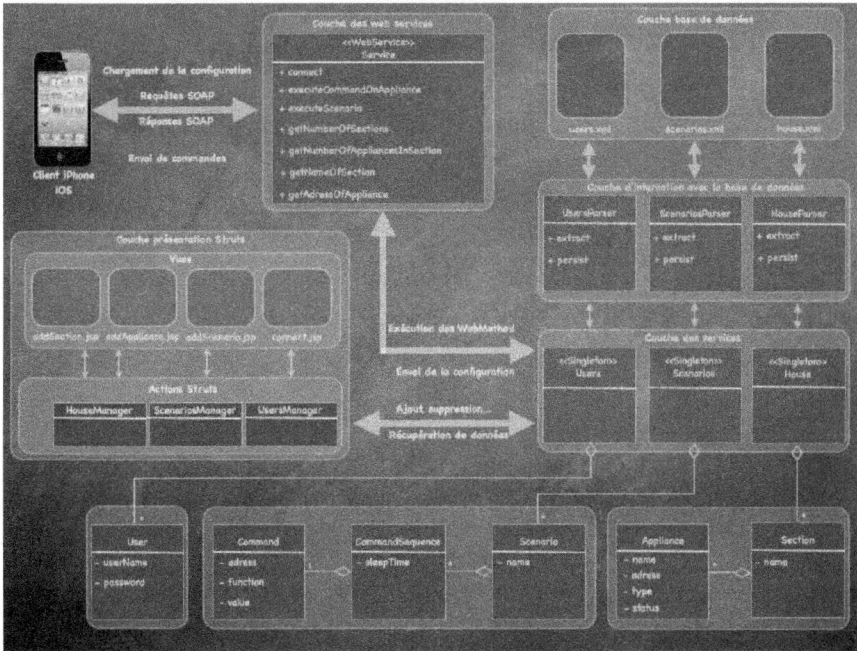

Figure 3.3 : Architecture générale de la partie serveur

Essayons de décrire et d'expliquer le schéma qu'on vient de présenter ; Notre serveur, qui est une application JEE comme déjà décrit, se divise en plusieurs couches :

3.2.1.1. Couche base de données

La première couche étant la couche base de données, contient les trois fichiers XML qui réuniront toute la configuration de notre maison, les scénarios qu'on va définir et les utilisateurs autorisés à utiliser notre application serveur ; Ces fichiers sont conçus comme suit :

Code :

```xml
<House>
     <Section name="..">
          <Appliance type=".." name=".." adress=".." statuts=".." />
          ..
          <Appliance type=".." name=".." adress=".." statuts=".." />
     </Section>
     ..
     <Section name="..">
          <Appliance type=".." name=".." adress=".." statuts=".." />
          ..
          <Appliance type=".." name=".." adress=".." statuts=".." />
     </Section>
</House>
```

Ce code XML, montre les différentes entités de la maison, qui est elle-même une entité regroupant un ensemble de sections (cuisine, salon, chambre, garage…), chaque section regroupe un ensemble de modules X10 et chaque module est modélisé par l'entité Appliance caractérisée par :

- **Un nom** : Lampe centrale, lampe murale, congélateur, micro-ondes, télévision…
- **Un type** : Lampe ou machine, sachant que lorsqu'il s'agit d'une lampe, on a la possibilité, en plus d'allumer et d'éteindre, d'augmenter ou encore diminuer la luminosité.
- **Une Adresse** : Il s'agit de l'adresse X10 affecté au module.
- **Un état** : Cette propriété présente l'état du module, elle admet deux valeurs ; ON si le module est allumé, et OFF s'il est éteint.

Code :

```xml
<Scenarios>
      <Scenario name="..">
            <Description>..</Description >
            <CommandSequence>
                  <Command adress=".." function=".." value=".." />
                  <sleepTime>..</sleepTime>
            </CommandSequence >
            ..
            <CommandSequence>
                  <Command adress=".." function=".." value=".." />
                  <sleepTime>..</sleepTime>
            </CommandSequence >

      </Scenario>
      ..
      <Scenario name="..">
            <Description>..</Description >
            <CommandSequence>
                  <Command adress=".." function=".." value=".." />
                  <sleepTime>..</sleepTime>
            </CommandSequence >
            ..
            <CommandSequence>
                  <Command adress=".." function=".." value=".." />
                  <sleepTime>..</sleepTime>
            </CommandSequence >

      </Scenario>
</House>
```

Ce fichier contient tous les scénarios qu'on définit au niveau du serveur, un scénario est une succession de commandes appliquées à des modules dont on communique l'adresse X10, et un laps de temps qui sépare l'exécution des commandes ; l'entité Scénario est modélisée, alors, comme suit :

- **Une description** : Il s'agit d'une description du scénario, ou autrement dit la réponse de la question « Que fait ce scénario ? », cette description sert à décrire en détails à l'utilisateur final, les différentes tâches accomplies par tel scénario.
- **Une succession de commandes** : Cette propriété décrit l'ensemble de commandes que doit exécuter le scénario, avec une fonction X10 (ON, OFF, DIM, BRIGHT…), une adresse du module X10 sur lequel la commande sera exécuté, et une valeur s'il s'agit des deux fonctions DIM ou BRIGHT ; Et enfin, un sleepTime en secondes, c'est le temps qui sépare chaque commande de la commande suivante.

Code :

```
<Users>
        <User userName=".." password=".." />
        ..
        <User userName=".." password=".." />
</Users>
```

Ce fichier contient tous les utilisateurs autorisés à utiliser l'application serveur, chaque utilisateur est caractérisé par :

- **Un nom d'utilisateur.**
- **Un mot de passe.**

3.2.1.2. Couche d'interaction avec la base de données (DAO)

Au niveau de cette couche, on dispose de trois classes, contenant chacune deux méthodes :

- **extract** : cette méthode reçoit l'url de la base de données, comme paramètre, pour extraire les données voulues ; la configuration de la maison dans la classe HouseParser, les scénarios prédéfinis dans la classe ScenariosParser et les utilisateurs du serveur dans la classe UsersParser.
- **persist** : cette méthode reçoit aussi, comme paramètre l'url de la base de données, pour, cette fois ci, persister les données mises à jour lors de l'administration du serveur.

Cette couche est la seule qui peut interagir avec notre base de données, et dont c'est au niveau de cette couche qu'on effectue les mises à jour de nos fichiers XML après l'administration du serveur.

3.2.1.3. Couche des services (Business)

Cette couche contient trois classes, House, Scenarios et Users ; Chacune de ces classes est un singleton et une façade en même temps, un singleton parce qu'on l'instancie une seule fois lors du lancement de notre serveur (c'est-à-dire dans la page d'accueil du serveur), et une façade parce qu'elle regroupe tous les services dont on aura besoin, ces services sont divisés en deux catégories :

- **Les services de gestion** : Ce sont les services qui nous permettent la gestion de nos entités (Maison, scénarios et utilisateurs), ils permettent alors, l'ajout, la modification et la suppression d'une entité.
- **Les services de chargement de la configuration** : Ce sont les services qui permettent au client de connaitre toutes les informations de la configuration (nombre de sections, noms des sections, informations sur les modules…), pour qu'il puisse construire son interface graphique.
- **Les services de contrôle des modules X10** : Ce sont les services qui interagissent directement avec les modules X10, et donc, qui envoient ou exécutent les commandes et les scénarios.

Nous détaillerons cette couche dans la section « Conception UML ».

3.2.1.4. Couche de présentation

Cette couche est chargée de permettre à l'utilisateur du serveur, de gérer toutes les entités décrite dessus, en lui offrant une interface graphique conviviale, intuitive et interactive ; Le choix est fait sur le Framework Struts2, qui nous offre multiples fonctionnalités pour une interface graphique efficace, et une interaction avec la couche des services via le concept des « Actions », cette couche est divisée elle-même en deux sous couches :

3.2.1.4.1. Couche de vues

Cette sous couche contient toutes les vues qui permettront à l'utilisateur de gérer les entités du système, ces vues sont, en général, des formulaires qui facilitent les tâches de la gestion à l'utilisateur.

3.2.1.4.2. Couche d'actions

Cette sous couche se charge de l'interaction entre la couche de présentation et la couche des services, elle contient trois classes héritant de la classe ActionSupport (Struts2) ; Chacune de ces classes est chargée de la communication entre les vues et les services associées :

- **HouseManager** : Une classe qui gère tout ce qui concerne la gestion de la maison (sections et modules X10), elle récupère les données entrées par l'utilisateur dans les formulaires de la sous couche des vues, et les envoie vers la couche services pour accomplir le traitement désiré et retourner le résultat souhaité, et elle charge les données à la sous couche des vues pour les afficher à l'utilisateur.
- **ScenariosManager** : Une classe qui gère tout ce qui concerne la gestion des scénarios, elle interagit avec la couche des services pour échanger les informations entrées ou voulues par l'utilisateur.

- **UsersManager** : Une classe qui gère l'échange d'informations concernant les utilisateurs.

3.2.1.5. Couche des web services

Cette couche contient une seule classe, annotée par **@WebService**, cette classe appelle les services du chargement de la configuration et les services de contrôle des modules X10, depuis la couche des services, et les publie sous forme de services web (web services) ; A partir de ce web service, on crée notre fichier **wsdl** (Web Services Definition Language), qu'on va exploiter au niveau de notre client (voir plus de détails dans la section Partie client).

3.2.2. Partie client

La partie client, est une application iPhone, qui tourne sur les terminaux munis du système d'exploitation iOS, écrite en Objective-C, cette application se compose de plusieurs vues (**UIView**), des tableaux (**UITableView**) et d'autres composants graphiques qui permettent la navigation entre les différentes vues (**UITabBarController, UINavigationController**...), tous ces composants sont organisés pour construire une application multifenêtres (**Window Based-Application**).

Avant de décrire cette application en détails, voici un schéma qui montre comment les différents composants, sont organisés :

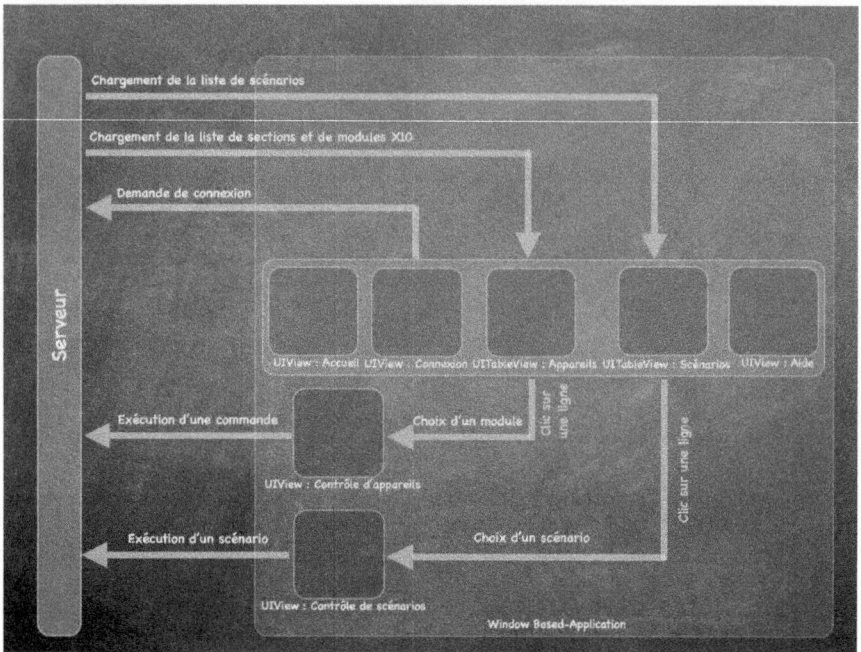

Figure 3.4 : Architecture générale de la partie client

Notre application est divisée en deux couches :

3.2.2.1.   Couche de consommation des web services (stubs)

Cette couche, contient, en plus d'une bibliothèque (**TouchXML**) pour analyser les requêtes et les réponses SOAP (qui ne sont que du XML), les stubs générés à partir de notre fichier **wsdl** qui décrit le web service publié par le serveur ;

Depuis notre classe qui décrit notre web service, on crée notre fichier wsdl, qu'on communique à un outil de création de stubs Objective-C, pour obtenir des classes Objective-C, faciles à utiliser dans notre application ; Dans notre cas, on utilise le site web http://www.sudzc.com , ce site web nous crée les classes Objective-C, la documentation de ces classes, des exemples pour les bien exploiter...

Pour utiliser ou appeler (invoquer) un service sur le serveur, il suffit d'instancier notre classe des services, et appeler le service voulu, avec les paramètres correspondants.

3.2.2.2.   Couches des vues

Cette couche se compose principalement des vues ou d'autres composants qui hérite des vues :

- **La barre à onglets (UITabBarController)** : Il s'agit de la vue racine de toutes les autres vues, cette vue permet la gestion d'un ensemble d'onglet, permettant, chacun d'afficher une autre vue, tout en donnant à l'utilisateur la possibilité de naviguer entre toutes les vues facilement, et tout en gardant le contrôle totale de l'interface graphique.
- **La page d'accueil** : C'est une vue (**UIView**) où on peut afficher des informations concernant l'application.
- **La page de connexion** : Cette vue (**UIView**) est le point d'entrée de notre application, puisqu'on ne peut commencer à utiliser les fonctionnalités de contrôle, pour lesquelles l'application est développée, que si on est connecté au serveur, elle contient alors, un formulaire qui demande à l'utilisateur de taper les différentes informations nécessaires pour se connecter au serveur, soit l'adresse IP, un nom d'utilisateur, et un mot de passe valide ; Elle permet aussi à l'utilisateur de connaitre l'état de sa connexion à tout moment de son utilisation de l'application.
- **La liste des appareils** : C'est après la connexion au serveur, qu'on peut accéder à cette vue, elle nous affiche la liste des sections de notre maison, ainsi que tous les modules X10 fonctionnels dans chaque section ; Il faut signaler que toutes ces information sont chargées depuis le serveur.
- **La liste des scénarios** : Cette vue, aussi, ne s'affiche que lorsqu'on établit la connexion au serveur, elle nous affiche une liste contenant tous les scénarios définis dans le serveur.
- **La page d'aide** : C'est une vue, qui nous décrit en détails, comment utiliser l'application.
- **La page de contrôle d'appareils** : Cette page s'affiche lorsqu'on choisit un module parmi les modules affichés dans la liste des appareils, elle nous affiche toutes les informations sur le module choisi (nom, type, adresse X10, état), et nous permet de contrôler ce module.
- **La page de contrôle des scénarios** : Cette page s'affiche une fois on choisit un scénario, dans la liste des scénarios, elle nous affiche une description du scénario choisi, et nous donne la possibilité de l'exécuter.

Il faut signaler enfin, que la navigation entre la liste des appareils et la page de contrôle d'appareils, d'un côté, et la liste des scénarios et la page de contrôle des scénarios d'autre côté, est gérée par un **UINavigationController** (Plus de détails dans la section conception).

3.3. Conception UML

Après avoir détaillé l'architecture des deux parties, serveur et client, on peut maintenant établir nos diagrammes UML, afin d'assurer un développement meilleur.

3.3.1. Partie serveur

3.3.1.1. Diagramme des cas d'utilisation

Comme on a décrit dans la section précédente, l'application serveur est une application JEE, qui permet à un utilisateur de gérer les différentes entités de notre système, ainsi, si cet utilisateur est autorisé, il peut ajouter, modifier ou supprimer des sections, des modules et des scénarios :

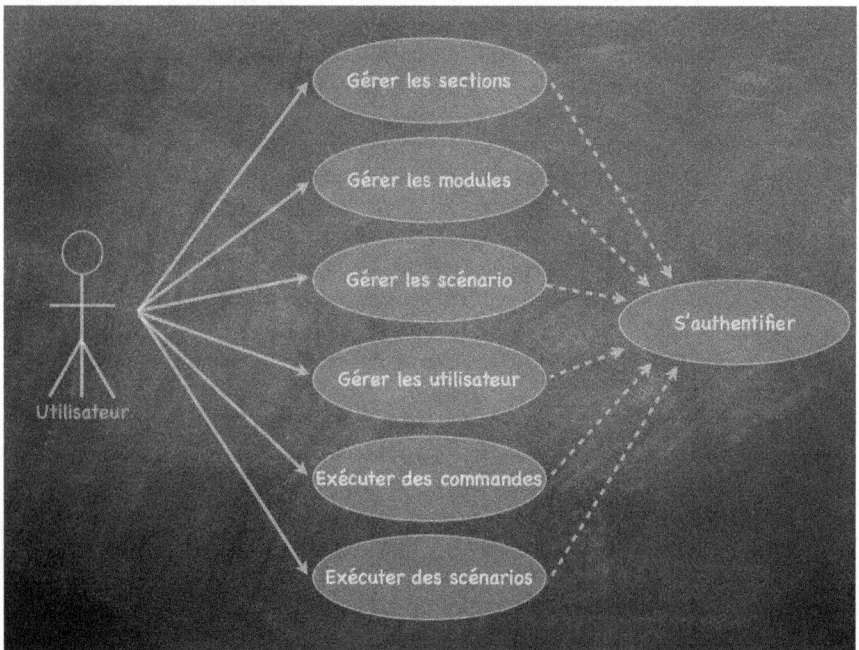

Figure 3.5 : Diagramme d es cas d 'utili sation , app li cation serveu r

3.3.1.2. *Digramme de classes*

En ce qui concerne les classes de notre application serveur, et en plus des entités décrites dans la section d'expression des besoins, on ajoute une classe qu'on a nommé X10Commander, cette classe a deux propriété principales, une instance de la classe CM11SerialController, fournie par l'API X10, et une instance de la classe Win32Driver, fournie par l'API javacomm (Pour Windows 32 bits), la classe X10Commander se charge de toutes les interactions de l'application avec notre contrôleur CM11A.

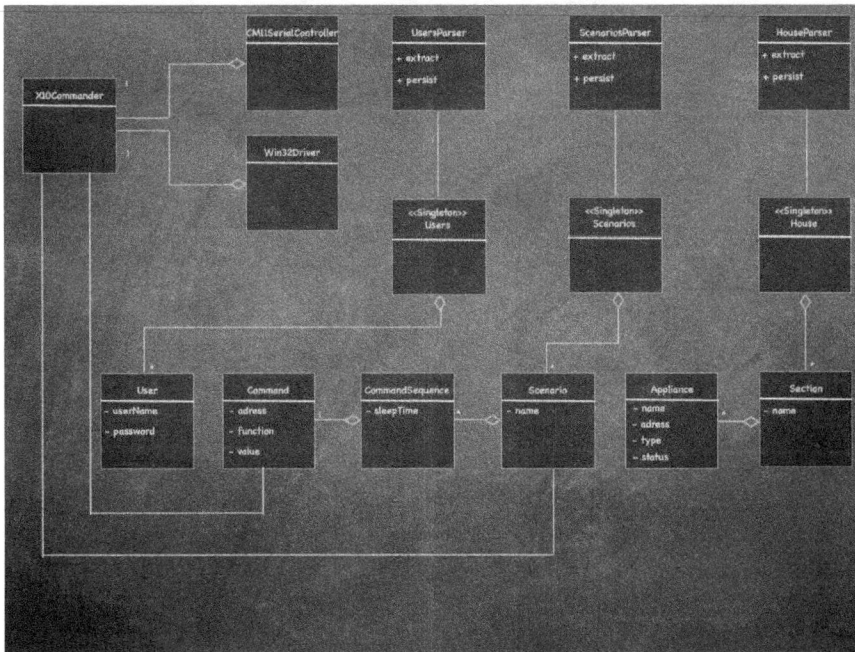

Figure 3.6 : Diagramme de classes, application serveur

3.3.2. Partie client

3.3.2.1. *Diagramme des cas d'utilisation*

On a vu qu'un utilisateur de l'application client, peut se connecter au serveur, charger la configuration depuis le serveur, récupérer les informations d'un module X10 choisi ou d'un scénario, et enfin, exécuter le scénario choisi ou exécuter une commande sur le module choisi, ces tâches se résument dans le diagramme des cas d'utilisation suivant :

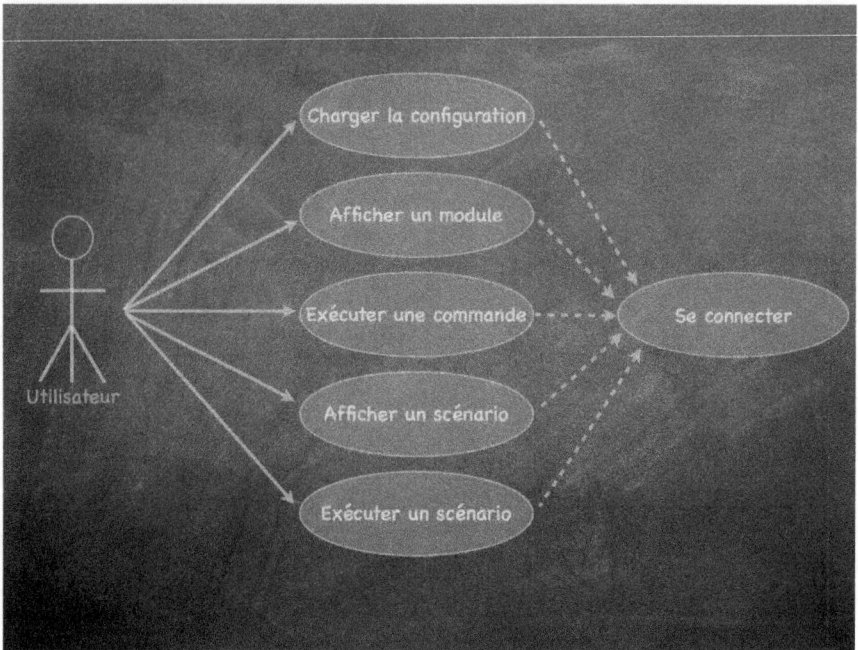

Figure 3.7 : Diagra mme d es cas d 'utili sation . app li cation cli en t

3.3.2.2.   Digramme de classes

En ce qui concerne le diagramme de classes de notre application client (iPhone OS), il faut signaler que tous les composants graphiques héritent directement ou indirectement de la classe UIView (Une vue), cela est montré dans le diagramme suivant :

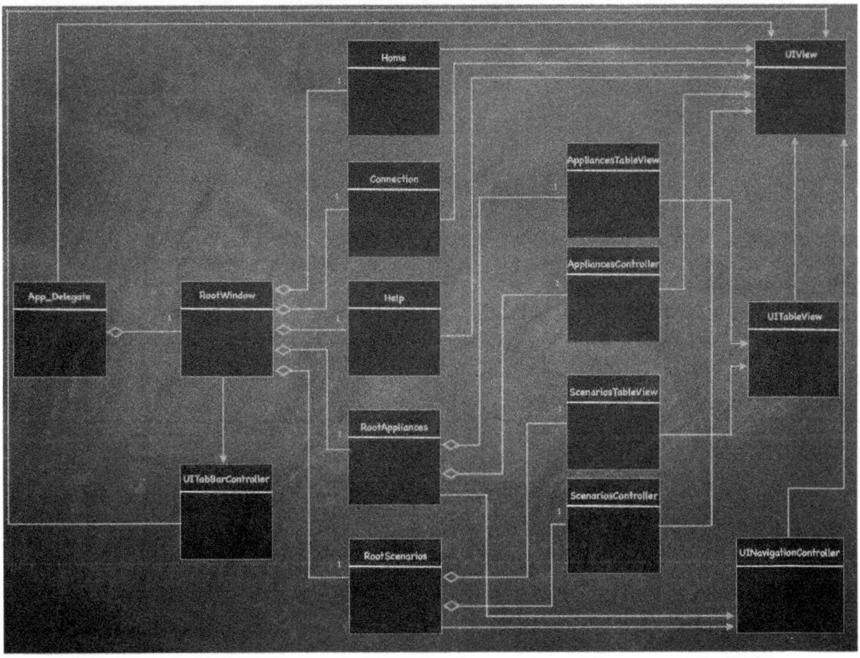

Figure 3.8 : Diagramme de classes, application client

3.3.2.3.   Diagramme de séquence

Parmi plusieurs scénarios, un utilisateur veut allumer une lampe à l'aide de son iPhone, il doit d'abord se connecter au serveur, charger la liste de toutes les lampes de sa maison, ainsi que le lieu où elles se trouvent (Cuisine, chambre à coucher…), choisir la lampe qu'il veut allumer, voir toutes les informations de cette lampes, et enfin envoyer la commande allumer, après cette étape, et une fois le serveur reçoit la demande d'allumer cette lampe, il envoie la commande au contrôleur CM11, ce dernier est le seul à pouvoir allumer notre lampe.

Tous les autres scénarios, à savoir éteindre une lampe ou une machine, augmenter ou encore diminuer la luminosité d'une lampe et exécuter un scénario, se font de la même manière.

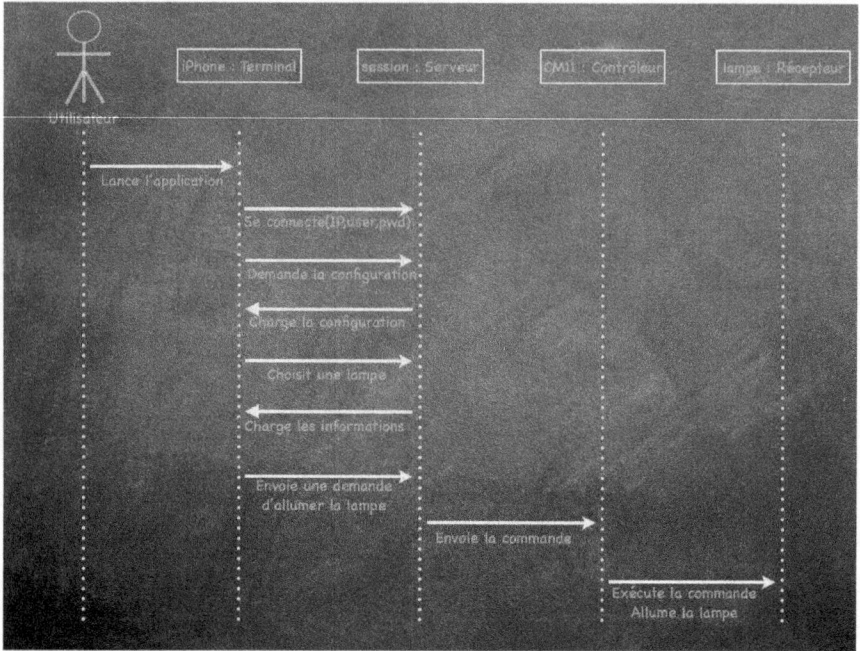

Figure 3.9 : Diagramme de séquences : Allumer une lampe

Maintenant qu'on a compris notre plateforme, et qu'on l'a détaillé, on peut commencer notre développement, le chapitre suivant alors, présente la partie du développement, les différents tests faits lors et à la fin du développement de notre plateforme.

Chapitre IV :

Développement, tests et démonstration

Ce chapitre présentera les différentes étapes du développement, pour enfin, tester et monter les résultats finaux de ce projet, il sera organisé comme suit :

- Présentation des étapes du développement, suivant l'architecture présentée dans le chapitre précédent;
- Présentation des tests finaux du projet ;

4.1. Etapes du développement

On a pu comprendre, d'après le chapitre précédent, l'architecture générale, et les architectures détaillées de chaque partie ou sous partie de notre projet, le développement alors, suit ces architectures pour enfin, arriver au résultat final décrit au début de ce rapport, on peut alors récapituler les différentes étapes de la phase de développement pour les deux parties, serveur et client, dans le tableau suivant :

Application serveur – JEE	Application client – Objective-C
Conception et création de la base de données XML, et donc des trois fichiers, house.xml, scenarios.xml et users.xml	Génération des stubs Objective-C à partir du fichier wsdl de nos web services
Création de la couche DAO de l'application, celle-ci se charge de l'analyse des fichiers XML de la base de données, et retourner les entités voulues	Création de l'application pour iOS, cette application est de type Window Based Application
Création de la couche des services, trois classes qui regroupent toutes les services dont on aura besoin dans notre application	Création d'une classe chargée de récupérer la configuration depuis le serveur, cette classe appelle des web service pour le faire
Création de la couche de vues, soit les différentes JSP, les classes d'actions Struts2, et le fichier de configuration struts.xml	Création des classes chargées de la gestion de la navigation entre les différentes vues de notre application
Création de la classe des web services, en appelant la couche des services (Business) à chaque fois qu'on a besoin d'un service	Création de toutes les vues dont on a besoin (décrites dans le chapitre de la conception), et des liaisons entre elles
Publication des web services	Exécution de l'application et tests des résultats

Tableau 4.1 : Liste des étapes du développement pour les deux parties

4.2. Démonstration et tests

Après avoir terminé le développement, il nous reste qu'à utiliser notre plateforme, pour cela, on lance notre serveur, on ajoute des sections, des modules et on lance notre application iPhone, pour charger la liste des sections et alors des lampes du serveur, et pour, bien sûr, contrôler nos lampes et machines ou encore exécuter nos scénarios.

Dans notre cas, on a ajouté deux sections à notre base de données, une cuisine et une chambre à coucher, dans la cuisine on dispose de six modules, deux lampes et quatre machines, et dans la chambre à coucher, on dispose de deux lampes, une lampe centrale et une autre de lit.

Une fois notre application est installée sur notre iPhone, on peut l'ouvrir en touchant le bouton avec son icone, comme montre la capture suivante :

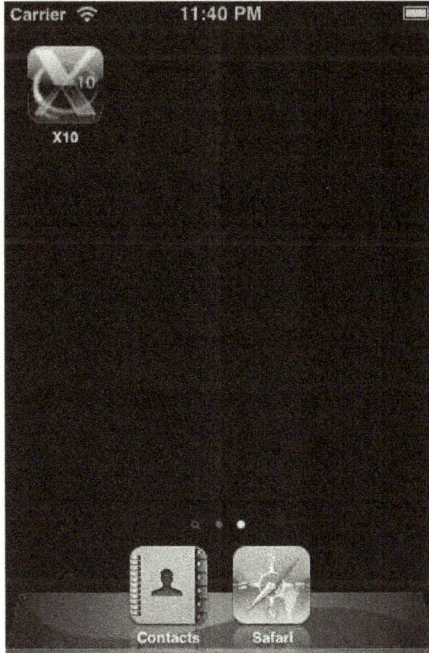

Figure 4.1 : Icon e d e l'a p p li cation

Une fois on ouvre l'application, on peut à tout moment aller vers la page « Aide », pour avoir des informations détaillées sur l'utilisation de l'application, ainsi que des informations sur la version, le contact du propriétaire…

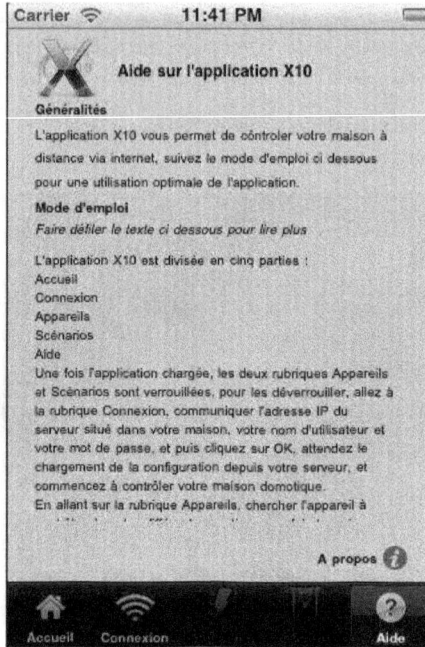

Figure 4.2 : Page d e l'ai d e

La première chose qu'on fait après l'ouverture de notre application iPhone, on clique, dans la barre de navigation à onglets, sur la page « Connexion » ; Il faut remarquer que les deux onglets qui permettent de contrôler les lampes et les machines, et d'exécuter les scénarios, sont désactivés, on ne peut les voir que si on se connecte.

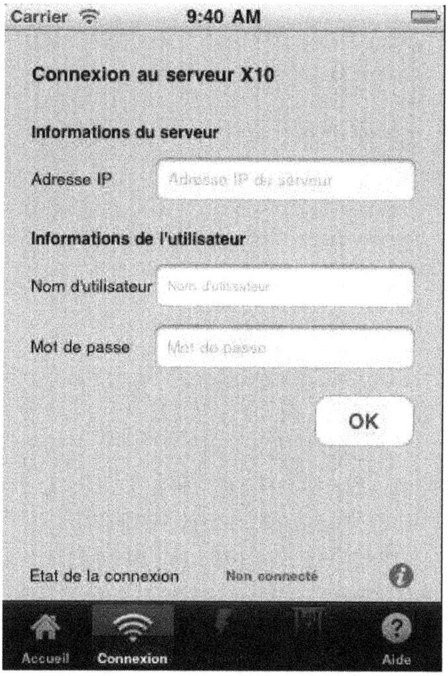

Figure 4.3 : Page de la connexion

Comme montré dans la figure, la page de connexion nous demande d'entrer l'adresse IP du serveur, un nom d'utilisateur et un mot de passes valides :

Figure 4.4 : Page de la connexion, clavier virtuel pour entrer les informations requises pour la connexion

Après cette étape, on touche le bouton « Done » pour quitter le mode éditer, et alors pour faire disparaitre le clavier virtuel de l'iPhone, et on touche le bouton « OK » pour se connecter au serveur, si les informations communiquées sont correctes, l'application essaie de charger la configuration de notre maison depuis le serveur, et nous affiche une page de chargement, en attendant la réception de toutes les informations :

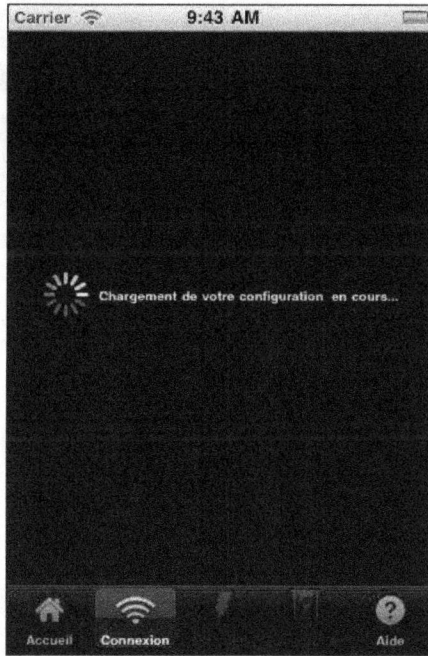

Figure 4.5 : Page d'at te n te d u ch arge men t de l a con f igu ration

Après avoir chargé la configuration de la maison, les deux onglets « Appareils » et
« Scénarios », sont maintenant touchables, on peut y accéder et voir la liste des sections, et
des modules de chaque section dans la page « Appareils », et la liste des scénarios dans la
page « Scénarios »

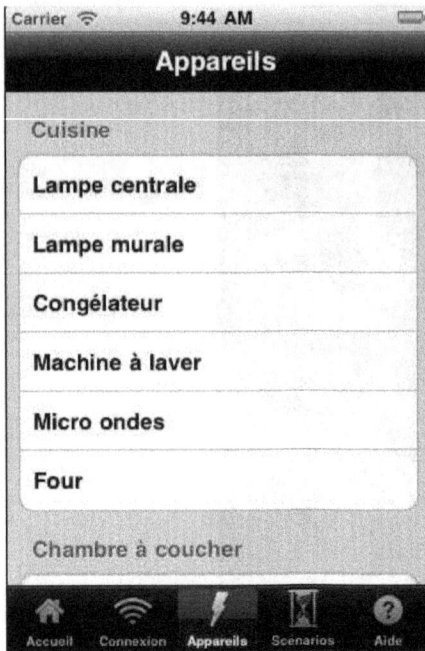

Figure 4.6 : Page des appareils, les
modules de la cuisine

Figure 4.7 : Page des appareils, les
modules de la cuisine

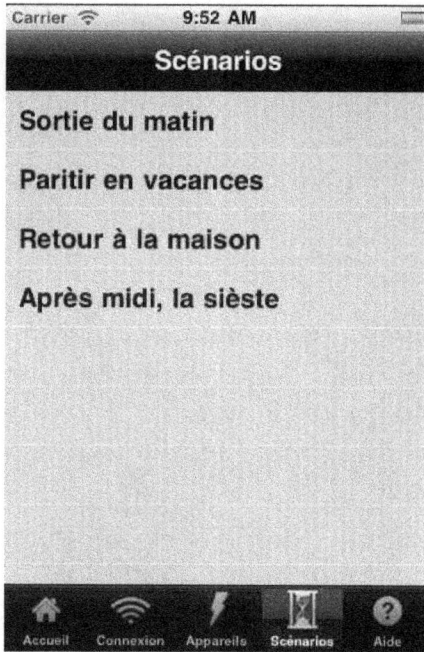

Après avoir affiché la liste des sections, lampes et scénarios, récupérée depuis le serveur, on peut choisir une lampe pour la contrôler, une fois on choisit une lampes en touchant sa ligne dans le tableau, on fait afficher une page de contrôle, qui nous permet d'avoir toutes les informations sur la lampes choisie, le nom, l'adresse X10, le local (section), l'état ; Une fois on affiche les informations récupérées elles même depuis le serveur, on peut, s'il s'agit d'une lampe, allumer, éteindre ou encore augmenter/diminuer la luminosité tout en changeant l'état (ON ou OFF) et l'image qui indique cet état.

Dans les captures suivantes, on a choisi la lampe centrale de la cuisine, elle a l'adresse X10 « A1 » et elle est éteinte, une fois on touche le bouton (Switch ON/OFF), la lampe s'allume, l'état change, et l'image de la lampe change aussi, en montrant qu'elle est allumée :

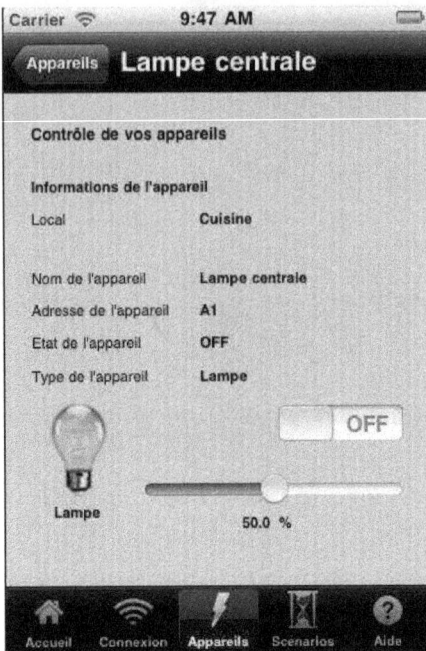

Figure 4.9 : Page de contrôle d'une lampe, les informations sont chargées

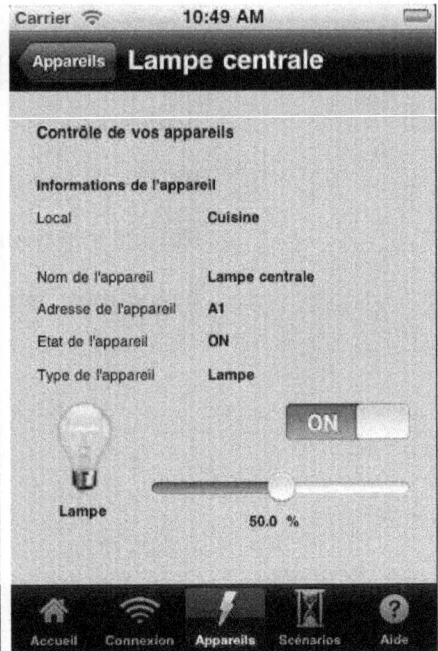

Figure 4.10 : Page de contrôle d'une lampe, allumage de la lampe

On passe à la page qui affiche la liste des scénarios, cette page nous affiche les noms de tous les scénarios définis dans le serveur, une fois on touche un scénario, une autre page s'affiche en nous affichant la description du scénario, et en nous donnant la possibilité de l'exécuter, il suffira de cliquer sur le bouton « Exécuter », pour exécuter le scénario avec la description affichée.

Dans les deux captures suivantes, on a choisi le scénario « Sortie du matin », il s'agit d'un ensemble d'actions qui seront exécutées lors de notre sortie de la maison le matin, ainsi, on éteint les lampes et les machines qu'on veut, on allume ceux qu'on choisit et on augmente ou diminue la luminosité des lampes qu'on veut.

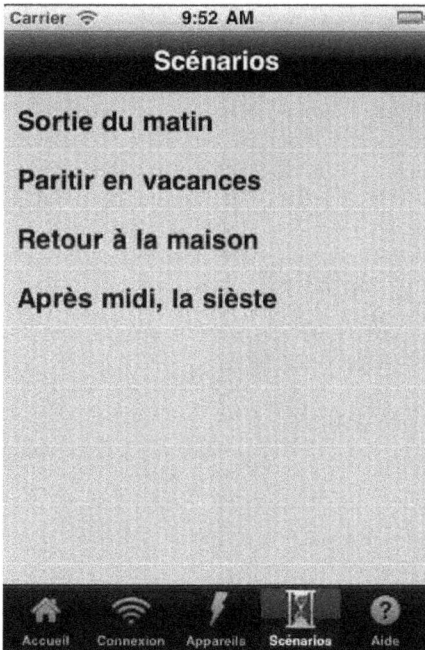

Figure 4.11 : Page des scénarios, la liste des scénarios

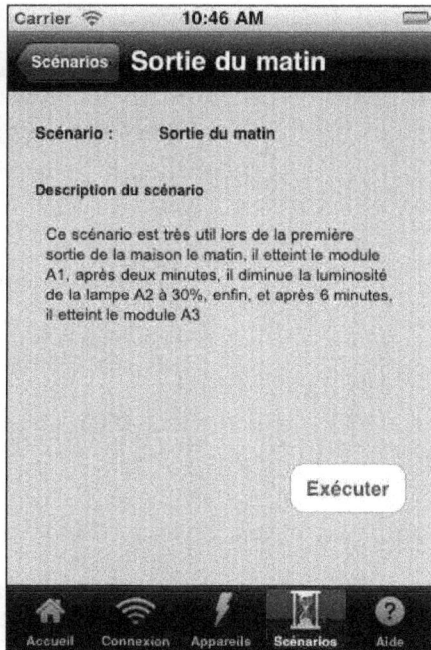

Figure 4.12 : Page des scénarios, affichage de la description d'un scénario

Enfin, il faut signaler, que dans la page de la connexion, on peut à tout moment connaitre l'état de notre connexion, en touchant le bouton d'informations « i » ; La capture suivante montre l'affichage de l'état de la connexion, lorsque l'application n'est pas encore connectée :

Figure 4.13 : In f ormati on s su r l'état d e la conn exion

Conclusion et perspectives

Le but de projet, était de développer une plateforme complète pour permettre à un utilisateur de contrôler son installation domotique, à distance en utilisant un terminal iPhone, cette plateforme a été divisée en deux grandes parties :

- Une application JEE, coté serveur, qui permet la gestion et l'administration de l'installation domotique, ce qui veut dire ajouter, supprimer ou modifier plusieurs entités (sections, lampes ou machines, utilisateur...), et configurer l'installation.
- Une application Objective-C, coté client, qui permet de charger la configuration de la maison depuis le serveur, et choisir des lampes ou des scénarios à contrôler.

Pratiquement, Je n'ai pas terminé tout le travail, il reste encore plusieurs points à traiter :

- Agrandir l'installation domotique pour qu'elle prenne en charge, le contrôle de la TV, la home cinema, la climatisation...
- Améliorer les deux applications, serveur et client, pour qu'elles suivent l'agrandissement de l'installation domotique.

Le fait de ne pas encore terminer, ne veut pas dire que je m'arrête ici, je vais continuer le travail, après la soutenance, et ainsi continuer à étudier cette technologie performante, soit la domotique.

Bibliographie et Webographie

http://fr.wikipedia.org/wiki/Domotique

http://www.climamaison.com

http://www.maison-domotique.com

http://www.agaveblue.org/projects/x10

http://fr.wikipedia.org/wiki/Objective-C

http://www.objectivec.fr

http://developer.apple.com